ADENTRARSE

DE LA MADERA AL AGUA

ExLibric

VICTORIA EUGENIA GÓMEZ SÁNCHEZ

ADENTRARSE

DE LA MADERA AL AGUA

EXLIBRIC

ANTEQUERA 2024

ADENTRARSE. DE LA MADERA AL AGUA
©Victoria Eugenia Gómez Sánchez
Diseño de portada: Dpto. de Diseño Gráfico Exlibric

Iª edición

© ExLibric, 2024.

Editado por: ExLibric
c/ Cueva de Viera, 2, Local 3
Centro Negocios CADI
29200 Antequera (Málaga)
Teléfono: 952 70 60 04
Fax: 952 84 55 03
Correo electrónico: exlibric@exlibric.com
Internet: www.exlibric.com

ISBN: 979-13-87528-17-1
Depósito Legal: MA 2730-2024

Impresión: PODiPrint
Impreso en Andalucía – España

Nota de la editorial: ExLibric pertenece a Innovación y Cualificación S. L.

VICTORIA EUGENIA GÓMEZ SÁNCHEZ

ADENTRARSE

DE LA MADERA AL AGUA

Prólogo: Miguel Urda Ruiz

Prólogo

La justificación a un sentir

Aristóteles definió a la poesía como mímesis, imitación de la realidad, pero ¿de qué está formada? De sentimientos o, mejor dicho, de un sentir individual. Solo una palabra para desplegar todas las emociones que existen y que, en este caso, se recoge través de la poesía. Victoria Eugenia sabe lo que es poesía. Sabe lo que es sentir y sobre todo sabe cómo conmover a su interlocutor.

El lector encontrará treinta y un poemas que destilan una esencia propia, la voz de una poeta que se ha ido labrando su camino acompañada del silencio y de la lectura, entre otras de Zambrano, Maillard, García Montero. Y arriesga libre de pudor para dejar los sentimientos al descubierto, sin elaborar una poesía arcaica o artificial. Nos conduce sin rodeos a la vida, a definir lo que es vivir.

Adentrarse. Hay que ser valiente y atreverse a sentir. Escoger treinta y un poemas no ha sido fácil, porque la poesía, camuflada o no, refleja el estado del momento que se encuentra la poeta. La naturaleza (el mar, la madera, el viento), aspectos de la vida diaria (llaves, patio, asfalto) y el tiempo son elementos que forman este poemario, pero el quid radica en la forma de unirlos para expresar un latir del momento.

Poesía no es escribir como marcan las leyes de la escritura, si es que las hay, sino una forma de vida que se refleja en cada palabra. Son preguntas sin respuestas o respuestas a preguntas no formuladas, pero que están ahí para cualquier lector y que en cierta medida descubre que pueden hacerse, como nos deja patente Victoria Eugenia.

Adentrarse para guarecerse o cobijarse del alma y tener su propia versión de la manifestación de los sentimientos. El lector no saldrá indiferente y podrá ver como sentir no es algo ajeno; solo basta sentarse a leer y disfrutar la palabra para degustar cada poema.

Miguel Urda Ruiz
Crítico literario

Sé paciente con todo aquello que está sin resolver en tu corazón e intenta amar las preguntas en sí mismas. No busques las respuestas, no se te pueden dar, pues no serás capaz de vivirlas. Y la clave está en vivirlo todo.

RAINER MARÍA RILKE

A LA ALTURA DE MI PECHO

A la altura de mi pecho
laten todos mis naufragios,
y a la deriva, presagios
que se anclaron por derecho.
¡Ay, pobre barco maltrecho!,
caduca está su madera;
fuerza y juventud perdiera
buscando la voz del agua,
la luz por donde el sol fragua,
la fe que lo protegiera.

MAR DE PAPEL

En el papel, el poema;
en las palabras, el orden
desmembrado del corazón,
el balbucir que se abre
como un pequeño río cansado
de serpentear entre rocas
y se precipita al ancho mar del papel;
en cada verso, la incompletud,
lo impreciso del lenguaje que se agota.

ESCRIBIR

El escritor defiende su soledad,
mostrando lo que, en ella,
y únicamente en ella, encuentra.
MARÍA ZAMBRANO

Me enojé contra mi propio credo,
supe que no había mentido lo suficiente
y las franquezas se fueron cayendo capa a capa.
Abandoné los espacios concurridos,
hallé una abertura por la que descender
al silencio de mi propia piel.
Sola, entregada al desmayo de cada oleaje,
atravieso con paso lento, como agua
a las grietas, huecos, arena y madera,
hasta encontrar mi propia voz, sola.

Rama a rama

En el jardín del olvido
he plantado un cerezo,
ha enraizado pronto
en la pulcritud de la tierra;
en el vigor de su tronco
duerme el silencio,
fluye la savia cimbreando vida
rama a rama.

DIQUES

Me he rasgado las heridas,
he sacado suficiente piel
con la que construir un armazón
donde poder asegurar mi vuelo.
Diques, para contener la violencia
con la que embate esa parte líquida de mí
que siempre se desborda.
Diques, para controlar el instante de júbilo
donde crece esa parte necesitada de mí
que siempre me delata.
Diques, donde vaciar la luz de mis ojos,
dejar ir al fin ese momento, obstinado,
cuando el amor ya no desnuda al agua,
diques.

Kintsugi

Dicen que hay una cultura lejana
que eleva en altar lo que está quebrado,
que ungiendo bálsamo de oro y plata
en el borde de sus frágiles costuras,
recompone el daño pacientemente
para que así, en la historia de sus grietas,
vuelva el fulgor como flor de cerezo.
Dicen, también, que allí sucede
que en lo que ya nace roto
una legión de gentiles ángeles
cose hilos de fortaleza a la culpa.

Mantra

Cuando no quedan distancias
entre la noche y el credo,
cuando la oscuridad teje
espacios inacabados,
se deshilachan trozos de piel
que solo se habían hilvanado.
Hay que fortalecer esos pliegues
allí, por donde el amor se escapa,
por donde crecen las debilidades
aplicando calor y constancia,
y en la nostalgia, cuando está quebrada,
trenzar un recio nudo de calma,
allí, entre la noche y el credo.

EL ÚLTIMO NAUFRAGIO

Las crestas de algunas montañas
terminan en despreocupados picos;
otras tienen formas redondeadas;
las nubes, mientras se desplazan,
dibujan figuras surrealistas
—hoy vi un perro fumando un cigarrillo—;
los vencejos llenan el cielo de puntos negros,
sus afilados gritos son cuchillos
cortando el silencio de este exilio,
tan surrealista, como las nubes desde mi balcón.
Se oscureció la tierra en mi camino,
se desplomó el dolor del mundo en mis pies;
reparo fuerzas en este retiro de cristal,
será la luna llena que llega mañana
—la veré aparecer, ópalo nacarado,
reflejando su misteriosa luz en el mar—
la que me devuelva a la arena de alguna playa,
me sacudiré el frío de este último naufragio,
volveré a gobernar mi nave, de nuevo rumbo a Ítaca.

El día que dejé de vivir contigo

Recuerdo un temblor febril
recorriendo cada centímetro de mi cuerpo,
hielo y fuego coincidiendo en un único latido,
ahí donde mis manos se turnaban
para sujetar cordura y tristeza,
recuerdo un «¿por qué?» susurrado hacia dentro,
un llanto como lluvia que no cesa,
lágrimas que no daba tiempo a enjugar
y se agolpaban en las mejillas como estalactitas.
Ese «¿por qué?» aún vacila entre mis labios.

EL DESVÁN

Un oblicuo rayo de sol
arañó el cristal de la ventana,
atravesó el muro con la curiosidad
llena de deseo por saber de aquel destierro.
Fue el sol conquistando sus silencios,
vistiendo de caricias la intimidad
de aquel cuerpo hambriento de vida.
Volvió su corazón a ser latido,
volvió la tarde tranquila de su aliento,
volvió el mar a tomar las riendas
del viento sobre las velas de sus sueños;
la luz había vuelto a hacer de las suyas,
atravesó la piel de aquel desván
con la certeza de que aún latía vida
bajo el cálido frío de la ausencia.

Matar a Buda

¿Quién riega las hierbas que crecen en mi jardín?
Decidme, pues yo planté semillas de jade,
soles de media tarde en primavera,
unas cuantas lunas blancas de invierno
y un cielo líquido de verano donde enredarme.

Decidme, por qué el sol apenas llega huye,
dejando a la tierra mórbida herida en el vientre,
con la boca lívida, la palabra rota en balbuceos
y los sueños en las pulidas manos de algún dios.

Decidme, qué hacer para que las sombras
que vomitan musgo sobre las piedras
se vuelvan primero lluvia y luego primavera.

Cúbrete de silencio, me susurró el otoño.
Luego vuelve, vuelve de la raíz limpia,
vuelve a ti sobre tu propia muerte.

LA REALIDAD QUE SE DESHACE

La extrañeza de una nueva realidad moja la calle,
el repiqueteo sobre el paraguas es antiguo,
la luz de un faro en un charco dudosa,
un bosque se ha deshilachado en el cielo
y una gota de agua huye de las garras de un oso,
el discurso fosilizado inunda plazas y avenidas,
desbordadas aceras y alcantarillas
vomitan el cieno de las palabras,
la lluvia va sacando a flote los cimientos
de un lenguaje de pasillos, laberintos, cenotes;
hormigas, como gacelas, corren despavoridas
se cuelan en mi boca, se apoderan de la lengua.
¿Cómo digerir la realidad que se deshace?

A VECES NECESITO PERDERME

A veces necesito perderme,
descolgarme del mundo,
cortar las ataduras con un machete,
como un pirata que defiende
su pequeña isla y su cofre.
A veces necesito soltarme
a la deriva del viento, aparejar la calma,
dejar que sea el mar que decida
si me quiere suya o me devuelve al barro.
A veces quisiera arrancarme los oídos
y en el profundo hueco del silencio
instalar el sonido que veo en mis sueños,
cuando la voz de todos los bosques
sea la risa contagiosa de los niños,
cuando mirar al cielo sea detenerse
en las nubes, reconocer los claros,
cuando el mar deje de contar sus muertos
y de sus aguas surjan redes de pan y peces.
A veces necesito perderme,
descolgarme por las paredes del mundo,
esperar en la mansedumbre del silencio
al despertar de este sinsentido.

UNA PLEGARIA

La calle poco a poco va cayendo
en un silencio de templo olvidado,
la brisa apenas sostiene el gorjeo
de una paloma; la noche,
gigante de boca hambrienta,
se adentra voraz en el cielo
como un bebé hacia su pecho.
Lo que el día ha ido tejiendo
lo deshacen con prisa mis ojos,
que titilan como luces lejanas
y que luego se desvanecen
en el frágil forcejeo del sueño.
Antes de adentrarme en el laberinto
por donde se perderán mis anhelos,
antes de embarcarme en sueños de plata
y ponerles nombre a mis soledades,
rezo una plegaria, que el día teja,
sobre las vestiduras de este cuerpo,
tierra, cielo, mar, árbol
y una luna de plateada calma.

VOLVER A CASA

Allí, donde terminaba el camino,
donde dar un paso más
a la ingravidez de un precipicio,
bajo un sol de adobe,
con la sangre de la tierra
golpeando las mejillas,
me aferré a un árbol
dentro de mi pecho.
Me sujeté a los destellos de luz
que se filtraban entre sus ramas,
el silencio fue voz al borde de mis labios,
la hierba estaba fresca en mi boca
y la flor del almendro, luna en mi pelo.
Allí me nacieron nuevos apéndices,
alas para estrenar en el vuelo
que me llevaría de vuelta a casa.

CIELO Y TIERRA DESCANSAN EN EL VALLE

Desperté con la urgencia del perdón
secando el sudor frío de un mal sueño,
el primer pensamiento arrebatado,
volver a la casa que fue la infancia.

¿Cómo bordearé los muros de insomnio?
¿Cómo ensordeceré la voz del patio?
¿Cómo encontraré la mano maternal
que encalaba el aliento de mis sueños?

Detrás del temblor del cielo está el miedo
con la herrumbre en los ojos arañando,
a esa luz mortecina del pasado vuelvo,
los pies desnudos de lenta memoria.

Libres las luciérnagas del alma,
borrado el mal sueño del espejo,
vuelvo al mundo del que salí un instante,
sobreviví a la huida y al encuentro.
Ahora, cielo y tierra descansan en el valle.

Calamorro

La montaña de Benalmádena

Celebro que al fin cae la tarde,
ya las sombras intiman con el asfalto
y el día va camino del olvido,
se dibuja la montaña en mi ventana,
tiene la silueta de una diosa antigua,
de pecho desnudo, brazos extendidos
y un hueco en el valle de su vientre,
donde cada noche vuelvo,
para reafirmarme en mis orígenes.

Le susurro Madre, porque mi piel
tiene la marca de su estirpe,
porque mis venas
son el afluente de su sangre,
porque soy, quizás,
la forma equivocada de su barro.

Al amanecer, cuando la luz
intima con ventanas y alfeizares,
la veo asomar entre los tejados,
borrosa por la roja ingravidez

de una tierra que sangra,
y le susurro Madre…

Ella extiende sus brazos generosos
para que beba de sus propias manos.

Fahrenheit 451

Arderán los sabios
en la hoguera de un nuevo siglo,
ya no hay lugar para la pregunta.
Puse a salvo a Kant, Arent,
Zambrano y Platón,
yo misma seré llama y ceniza,
alguien me señalará, me delatará
por guarecerme bajo un árbol
y beber del néctar de los poetas.
Cuando lleguen y llamen a mi puerta,
con un tajo de izquierda a derecha
—emulando a aquellos antiguos samuráis—,
rajaré mi vientre de tinta y pergamino.

En el parque

He vuelto esta tarde al parque,
sentada en un banco detengo la mirada
en las ramas de un pino arraigado en mí,
el dulce estallido del agua,
el trino agudo y cercano de un pájaro,
el zumbido de una laboriosa abeja
y el mármol de mi cuerpo
se hace líquido silencio.

El azul del mar está unido al del cielo,
ese azul que se desborda en mi pecho
y me lleva a la tierra de los sueños.

El pulsante latido del corazón
oscila como un péndulo sobre esta fantasía
que ya puedo tocar con los dedos,
recojo las pequeñas piedras brillantes
de la superficie del agua,
las que el sol ha dejado en su reflejo,
las engarzo en rígidos hilos de sal,
hago pulseras para las sirenas
que se acercan a mí con el suave oleaje
de los sueños que me embargan.

La niebla y la espuma
vistieron con velos transparentes
la levedad de mi cuerpo;
me adentro en el palacio de la primavera,
donde mis ojos se vuelven pétalos blancos
sobre los misteriosos contornos de la fantasía.

VESTIDA DE GUARDIAMARINA

A nadie le cuento, que nadie sepa,
que soy adicta al fulgor de los sueños.

El viento despertó al cielo de un sueño
donde el agua de todas las nubes
se cristalizaba en un arrecife de coral,
donde el universo brillaba escondido
en el mar de ondas, caracolas y sal,
donde las velas que agitan los barcos
vuelan como las aves en migración,
donde el guiño amarillo de un faro
llama a puerto los que sueñan como yo,
me veo preparando las amarras
vestida de blanca guardiamarina,
sujetando los interminables cabos
que sostienen el secreto de la imaginación.

El vacío que nadie nombra

Hola, soledad. ¿Cómo estás hoy?
Ven, siéntate conmigo y cuidaré de ti.
Thich Nhat Hanh

Antes de salir de casa
y deshabitar ese espacio
por donde respiran mis sentidos,
me detengo en el umbral de la puerta,
oteo, como un ave detenida en un poste;
están ordenados los cojines del sofá,
sus puntas emergiendo estiradas,
como las orejas de un sabueso,
la cama hecha una arruga oblicua
me recuerda la voz de mi madre,
paso la mano alisando recuerdos innecesarios.
El olor a café de la mañana
lo ha devorado con ansia el perfume,
una explosión de cítricos llena
ahora el vacío que nadie nombra.
Ya salgo, un pie en el pasillo,
las ruidosas llaves en la mano,
la soledad, pacientemente sentada,
me esperará con un calendario en las manos.

CUANDO ZOZOBRAN LOS RECUERDOS

Lleva una nave encallada
sobre sus hombros,
en su pecho alberga un ejército
derrotado y sin defensa,
y en el susurro de su voz
un pez varado a la orilla de sus labios,
el propio mar muere en sus manos.
Así es la que se mira al espejo
esos días que zozobran los recuerdos.

Cada ocho semanas

Gota a gota enhebrado en un pequeño tubo,
transparente, impoluto como la virginidad
de no conocer culpa, pasa el líquido
traspasando túneles, buceando hasta la sangre
en el zigzagueo de evitar la lluvia, la niebla,
hasta llegar a lo insondable, y ordenar
el caos que me separa del cosmos.

La mente desbordante se aquieta, el cuerpo imita,
hago del tiempo mi propio reloj
deshabitando las horas a un espacio-tiempo,
donde enjambres de silencios detienen la tentación
de ser un cuerpo chocando contra la inevitable roca.

Un ángel cierra mis labios con sus dulces dedos,
me acoge en su seno con toda mi orfandad,
evita que salga, esa palabra, hecha pregunta,
esa pregunta, hecha de pequeños desgarros,
desgarros que me llevan a la misma pregunta,
cada ocho semanas, gota a gota.

LUGARES HERMOSOS

Oda a la amistad

Hay perlas salvajes
que salen de sus conchas
y extienden su brillo azul
en el escote del mar;
hay cisnes, cuellos de nácar,
que miden sus plumas
en el centro de un lago;
hay tardes, en el cielo,
de antorchas amarillas
cubiertas de leche y miel;
hay perlas salvajes,
cisnes de nácar,
tardes de miel,
y estás tú.

Sombras de la memoria

Ven, échate sobre mi recuerdo,
empapa con tu aliento cada sombra
que tu ausencia rompe,
acuéstate dócil en mi sueño,
vence a la noche con tu espada de sangre,
despiértate desnudo sobre las sombras
que derraman los pasos del olvido.
Devuélveme ese trago de luz
que me embriagó la última tarde.

LEER ENTRE LÍNEAS

Mis días tienen ahora las horas más holgadas,
me sobran minutos por la cintura
y en los hombros ya no me aprieta la prisa,
se me ha quedado grande la tarde,
lleno la bañera de velas y espuma,
saboreo a pequeños sorbos una taza de té,
doy placenteros paseos por el parque
y cuando su sombra rompe mi sosiego,
le hablo como si aún no se hubiera ido.

Ya no mires atrás

¿Sabes? Ese pasado no era tuyo,
lo cuidaste como un nido en tu pecho,
un nido de arena en un lecho de soledades,
lo alimentaste de frágiles trozos de infancia,
lo dejaste crecer sobre infértiles sueños,
lo creíste tan tuyo como tu propia piel;
sigue adelante, aunque la voz de lo vivido
te llame seductoramente por tu nombre,
sigue tu camino, ya no mires atrás…

En el río de aquel verano

Mi padre se despojó de su coraza
una tarde en el río de aquel verano,
los juegos de chiquillos, los chapuzones
y las redes de cazar cangrejos;
dejó al descubierto aquella quemadura,
claro misterio encarcelado en su piel.

El fuego vació las calles de su infancia,
su casa derrumbada, su madre dentro;
luego llegó la guerra, el hambre, la soledad
y una orfandad quebrada en sus pocos años,
expulsado del paraíso sin haber mordido manzana.

Aquel río concluye hoy en este mar
sobrevivido de ausencias,
sostenido en la vaga memoria
de soñar lo que pudo haber sido.

A UNA FOTO

A un lado de la mesita
la foto envejecida,
el tiempo borroso en los bordes,
una lívida presencia atrapada
entre el cristal opaco del pasado
y un cándido halo de tristeza.
Al otro lado de la mesita
un ramo de astromelias,
amarillas de bordes dorados,
como el sol a última hora de la tarde,
como aquel último suspiro
al atardecer de aquella primavera
traicionada de abril y mayo,
que se volvió invierno de despedidas.
Todos los viejos recuerdos
caben en una única foto
a un lado de la mesita;
al otro lado, las astromelias
y un pájaro picoteando
la corteza de mis recuerdos.

VERANO

Reconozco tu llegada
por esa luz naranja
que se hace lumbre en los ojos
desde el alba hasta el ocaso.

Reconozco tu llegada
por el olor a jazmín
que se eleva por los muros
limando asperezas al asfalto.

Reconozco tu llegada, verano,
pues las lejanas estrellas brillan
como pequeñas luciérnagas de cristal
y la noche se hizo patio en la calle.

OTOÑO

Acógeme, otoño, en tu templanza.
Déjame reposar en la noble virtud
de habitar el camino medio,
dejar atrás el pujante verano,
mirar de lejos en la otra orilla,
como la vida que espera nacer,
la límpida intimidad del invierno.
Permíteme dormir en el sueño
de una larga vida otoñal,
donde quede lejos de los ojos
el pasado, con su llama azul,
y en su opuesto el futuro,
apenas rozando un instante vano.
Elijo esta, la mejor estación,
para construir una nueva libertad,
donde ver migrar los pájaros de la culpa,
donde pueda quedar el alma a solas,
serenamente recogida en silencio.

Índice